AF359600

MANUEL PRATIQUE

DE

PHOTOGRAPHIE,

PAR

A. PIERRE PETIT Fils.

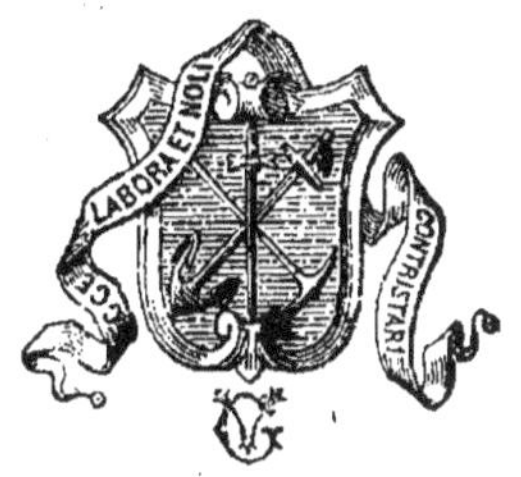

PARIS,

GAUTHIER-VILLARS, IMPRIMEUR-LIBRAIRE

DU BUREAU DES LONGITUDES, DE L'ÉCOLE POLYTECHNIQUE,

SUCCESSEUR DE MALLET-BACHELIER,

55, quai des Augustins, 55.

1883

MANUEL PRATIQUE

DE

PHOTOGRAPHIE.

P. — *Manuel prat. de Phot.*

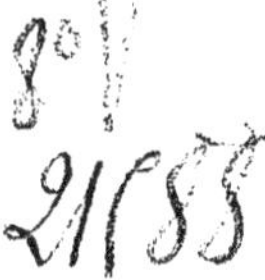

8024   PARIS. — IMPRIMERIE GAUTHIER-VILLARS,

Quai des Augustins, 55.

BIBLIOTHÈQUE PHOTOGRAPHIQUE.

MANUEL PRATIQUE

DE

PHOTOGRAPHIE,

PAR

A. PIERRE PETIT Fils.

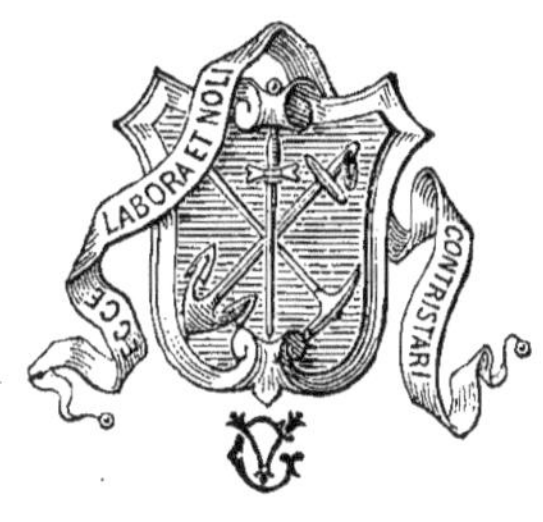

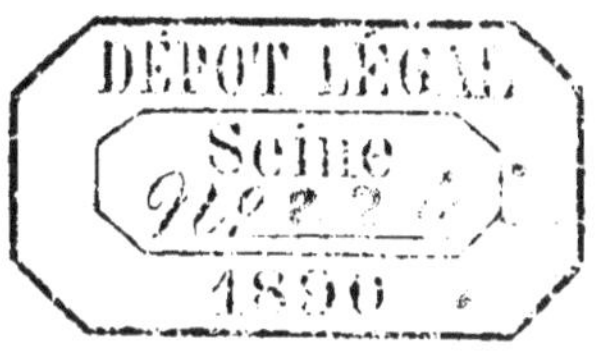

PARIS,

GAUTHIER-VILLARS, IMPRIMEUR-LIBRAIRE

DU BUREAU DES LONGITUDES, DE L'ÉCOLE POLYTECHNIQUE,

SUCCESSEUR DE MALLET-BACHELIER,

55, quai des Augustins, 55.

1883

MANUEL PRATIQUE

DE

PHOTOGRAPHIE.

PRÉLIMINAIRES. — HISTORIQUE.

Le procédé au gélatinobromure a, pour ainsi dire, révolutionné l'art de la Photographie. Il a simplifié les manipulations de laboratoire et accru le nombre des photographes amateurs.

C'est à l'intention de ces derniers que nous publions ce Guide du photographe touriste.

Nous écarterons, avec intention, toute description technique des deux procédés en usage, collodion et gélatinobromure ; nous nous bornerons exclusivement à leur démonstration pratique.

Le lecteur nous permettra cependant de l'initier à la naissance et aux progrès de la Photographie ; car, si les proportions de notre Manuel sont modestes, elles ne nous autorisent à négliger ni la mémoire des inventeurs de cet art merveilleux, ni celle des travailleurs qui ont concouru à son rapide développement. De plus, nous compléterons notre travail en faisant connaître à nos lecteurs les différentes applications de la Photographie, et les divers modes de tirage et d'impressions.

NIEPCE ET DAGUERRE.

Niepce (Joseph-Nicéphore) naquit en 1765, à Chalon-sur-Saône et mourut en 1833. Son père, Claude Niepce, conseiller du roi, choisit pour son fils la carrière militaire. Celui-ci, admis en 1792 en qualité de sous-lieutenant au 42e régiment d'infanterie, fit les campagnes de Sardaigne et d'Italie. Une maladie et la faiblesse de sa vue l'obligèrent à renoncer à la carrière qu'il avait embrassée. Il revint à Chalon et se livra tout entier à son goût pour les recherches scientifiques ; en 1812, la Lithographie faisait son apparition. Niepce y vit deux choses à per-

fectionner : la pierre et l'encre. « Vers 1813, dit
M. Ern. Lacan, il lui prit fantaisie de remplacer
le crayon lithographique comme il avait remplacé la pierre, et alors une idée étrange s'em-
para de lui : il voulut que ce fût la lumière
elle-même qui fît le dessin. Le chercheur avait
trouvé sa voie. » On sait que cette idée fixe
n'était pas chimérique.

Depuis longtemps on savait que le chlorure
d'argent, blanc dans l'obscurité, noircit rapidement à la lumière. On en avait conclu à la pos-
sibilité de reproduire les dessins et les gravures
sur une surface recouverte de chlorure d'argent.

Les parties noires, ne laissant pas passer la
lumière, devaient laisser blanches les parties cor-
respondant au chlorure d'argent. On obtenait
ainsi une épreuve négative. Une seconde opération reproduisait exactement l'original. On
obtenait effectivement l'épreuve première ; mais,
aussitôt qu'on l'exposait à la lumière, les blancs
réservés noircissaient et l'on n'avait plus qu'une
surface complètement noire. Il s'agissait de dé-
couvrir le moyen d'obliger le soleil à ne point dé-

truire lui-même le dessin qu'il avait commencé.

Niepce trouva qu'une couche de bitume de Judée, naturellement noire, devenait blanche dans les parties qui recevaient l'impression de la lumière vive et, de plus, que ces parties blanches étaient insolubles dans un bain d'essence de lavande. Il recouvrit une plaque métallique de bitume de Judée, l'exposa au foyer de la chambre obscure et, lavant la surface influencée par la lumière dans un bain d'essence de lavande, il répandit un acide sur les surfaces mises à nu.

L'acide rongeait le métal dans les parties dénudées et l'on n'avait plus qu'à débarrasser la plaque du bitume de Judée pour obtenir une image en relief prête à servir au tirage de gravures.

C'est à ce moment que Daguerre (¹), l'inventeur du diorama, eut connaissance des travaux de Niepce et chercha à entrer en relation avec lui.

(¹) Physicien français, né à Cormeilles (Seine-et-Oise) en 1789, mort à Petit-Bry le 12 juillet 1851.

Conduit par ses études de perspective et d'optique à l'étude de la fixation des images par l'action du Soleil, il apprit que Niepce s'occupait de la même question.

Il se mit en relation avec lui et en obtint diverses épreuves héliographiques. Niepce demandait de son côté à Daguerre quelques communications de ses travaux, ce à quoi celui-ci se refusa toujours. Toutefois, Daguerre ayant affirmé qu'il avait apporté à la chambre noire un perfectionnement considérable, qui lui promettait un moyen plus sûr et plus simple d'opérer la fixation des images, Niepce lui proposa d'unir leurs efforts et de conclure un traité d'association. Le traité fut signé le 14 décembre 1829.

Bientôt, initié aux travaux de Niepce, Daguerre leur fit faire des progrès tels que Niepce en fut lui-même émerveillé. Aux termes du traité, les deux noms de Niepce et de Daguerre devaient rester attachés à la découverte. Niepce mourut, et son fils se laissa imposer une nouvelle convention, par laquelle Daguerre abandonnait à la Société le nouveau procédé dont il était l'inven-

teur, à la condition que ce nouveau procédé
porterait le nom seul de Daguerre.

En 1839, Arago annonça à l'Académie la découverte de Daguerre, tout en mentionnant le
nom de Niepce.

En somme, si considérables que soient les
perfectionnements apportés par Daguerre à l'invention de Niepce, ce dernier n'en est pas moins
le premier inventeur.

Cinq opérations successives sont nécessaires
pour l'obtention d'une plaque daguerrienne.
La première opération consiste en un polissage
de la plaque argentée, pour la rendre propre à
recevoir la substance sensible.

On saupoudre la plaque de ponce broyée très
fin, on la frotte légèrement avec un tampon de
ouate imbibée d'huile d'olive et on la dégraisse
à l'aide d'un tampon bien sec. On prend ensuite
de l'acide azotique, dont on mélange 1^{cc} avec 100^{gr}
d'eau, et on en lave toute la surface argentée de
la plaque; on frotte la plaque à nouveau avec un
tampon de coton n'ayant pas servi, jusqu'à ce
qu'elle soit très sèche. On chauffe alors légèrement la plaque sur une lampe à esprit-de-vin.

Une couche blanchâtre se forme à la surface; on la refroidit rapidement sur un marbre et l'on essuie bien soigneusement le dépôt blanchâtre.

La deuxième opération consiste à appliquer la substance sensible (bitume de Judée dissous dans l'essence de lavande, et appliqué au tampon). Cette opération doit se faire dans l'obscurité.

La plaque étant préparée, on la fixe sur une planchette et on la soumet à l'évaporation de l'iode pur ; il se forme sur la surface d'argent une couche d'iodure d'argent.

La troisième opération consiste à soumettre la plaque d'argent à l'action de la lumière dans une chambre noire. L'impression a lieu, mais elle ne sera visible qu'après la quatrième opération qui a pour but de rendre apparente l'image jusque-là invisible. On obtient ce résultat en soumettant (toujours dans un endroit obscur) la plaque à l'action des vapeurs de mercure.

Dans la cinquième opération, on fixe l'image dans un bain d'hyposulfite de soude. L'image est produite par une couche de mercure qui a remplacé l'iodure d'argent détruit par l'effet de la lumière.

Telle est, brièvement exposée, l'origine de cet art qui devait devenir la Photographie.

Niepce de Saint-Victor, chimiste français, neveu de Nicéphore Niepce, né en 1805, mort en 1870, annonçait en 1848, à l'Académie des Sciences, qu'il venait d'obtenir, à l'aide d'une couche d'amidon, des essais de Photographie sur verre.

Sur ces entrefaites éclata la Révolution du 24 février 1848 : il vit son laboratoire incendié, mais il n'en continua pas moins le cours de ses travaux, et, au mois de juin de la même année, il lui vint l'idée d'employer l'albumine. Suivant M. Tissandier, il procédait ainsi pour obtenir un cliché négatif : « Niepce de Saint-Victor étalait une couche d'albumine sur une glace bien polie, puis imbibait la surface d'albumine, d'iodure de potassium qu'il transformait en iodure d'argent en plongeant la plaque dans un bain de nitrate d'argent. Une fois sèche, la plaque était exposée à la chambre noire ; l'image une fois fixée permettait de reproduire sur papier des épreuves positives. »

L'inventeur du cliché sur verre fit faire à la Photographie un pas immense.

La recherche de la fixation spontanée des couleurs fut la préoccupation constante de Niepce de Saint-Victor; et les résultats obtenus, bien que fugitifs, permettent d'espérer la résolution de ce problème.

Plus tard le collodion vint remplacer l'albumine. Dès lors de constants progrès s'ajoutent rapidement les uns aux autres. Nous franchirons cette période pour entrer résolûment dans l'étude pratique des procédés aujourd'hui en usage.

INTRODUCTION.

Les nouveaux procédés introduits depuis quelques années dans l'art photographique sont nombreux; le plus remarquable de tous est la sensibilisation des plaques au *gélatino-bromure d'argent :* c'est celui dont nous nous occuperons principalement.

Les chimistes, depuis longtemps, cherchaient l'application du bromure d'argent. Si le gélatino-bromure donne aujourd'hui des résultats pratiques, c'est grâce au labeur incessant et aux recherches opiniâtres des savants et des praticiens.

Est-ce à dire que le légendaire collodion doive disparaître? Certes, non! Ses lenteurs sont déplorables, il est vrai ; les difficultés de son application sont grandes, mais aussi tout l'art du photographe praticien réside dans son emploi.

Le gélatinobromure supprime toutes les difficultés ; son emploi ne demande que de simples précautions. Il est, à vrai dire, la négation de l'art du photographe ; mais il convient, par cela même, au touriste, à l'amateur, et, *dans les seuls cas où l'emploi du collodion est impraticable,* au photographe.

Cette appréciation peut paraître trop absolue, au premier abord, mais elle est fondée sur une expérience déjà longue.

Cette part impartiale étant faite, nous nous occuperons successivement des deux procédés.

PROCÉDÉ AU BROMURE D'ARGENT.

1° Les plaques sèches au gélatinobromure se trouvent, dans le commerce, toutes prêtes à être employées. Le lecteur qui voudrait en connaître la préparation pourra consulter le *Traité de Photographie* de Van Monckhoven. Ces plaques se conservent indéfiniment; elles doivent être placées dans un endroit *obscur et sec* (l'humidité produit la moisissure, et la gélatine a une affinité prononcée pour l'eau).

Maintenant, cher lecteur, vous voudrez bien faire avec moi, d'imagination, une excursion photographique.

Tout d'abord, procurons-nous une chambre noire munie de *châssis doubles :* nous pouvons choisir la chambre de Jonte, très solide, très maniable et très légère, ou la chambre d'Enjalbert, qui comporte six châssis doubles, nous permettant d'emporter douze glaces et conséquemment de faire douze opérations ; le tout est placé dans une enveloppe parfaite et très portative (*fig.* 1).

Nous choisirons un objectif *à paysage*, un

Fig. 1.

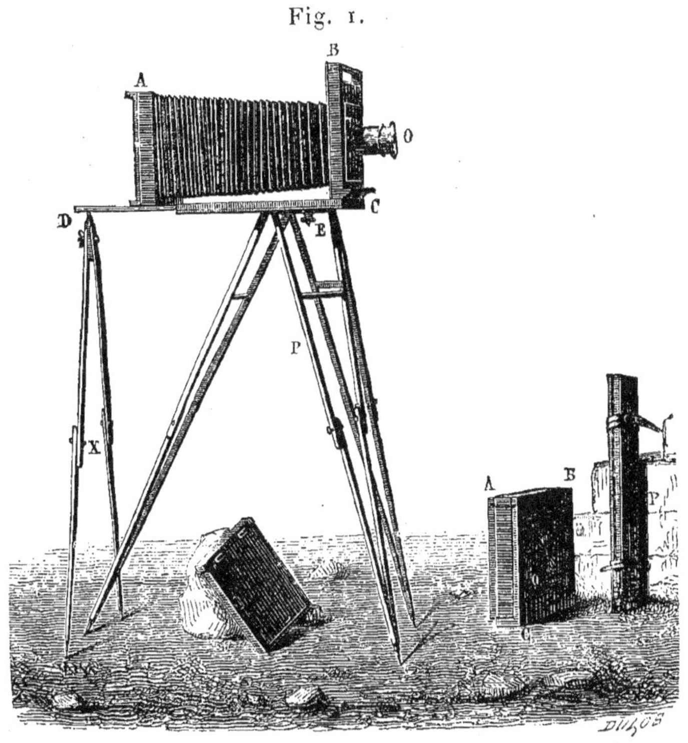

objectif à portrait ne pouvant être employé que pour le portrait (*Traité* de Monckhoven, voir *Optique*), et nous emploierons un *aplanat*, excellent pour vues, paysages ou architecture.

2.

Il y a peu de temps, nous aurions choisi un objectif anglais ou allemand; mais, outre que le prix en est très élevé, de très réels progrès ont été faits dans l'optique photographique. Nos fabricants français, s'ils ne font pas mieux que leurs concurrents étrangers, font tout aussi bien.

Patriotisme à part, nous avons le choix entre MM. Français, Hermagis, Derogy, etc.

Il nous faut aussi un matériel de cuvettes. Nous choisirons des cuvettes en porcelaine, qui sont plus faciles à laver. Prenons-en une ou deux pour développer, de grandeur telle que nos plaques y tiennent à l'aise et à plat; une autre pour le bain d'alun, une dernière pour le bain d'hyposulfite de soude; procurons-nous aussi une fontaine, ou un broc, ou un baquet, ou un seau, de l'eau en définitive. Il nous faut encore quelques bocaux, quelques bouteilles, un verre gradué, des entonnoirs, des filtres.

Enfermons-nous maintenant et garnissons nos châssis.

Prenons une plaque, et remarquons que la surface la moins brillante est la surface sensible;

passons rapidement un blaireau sur cette plaque afin d'enlever les grains de poussières qui pourraient s'y trouver. Nous tirons la planchette n° 1 de notre châssis double, nous y plaçons la plaque, la surface sensible de notre côté et nous refermons la planchette. Retournons notre châssis, nous tirons la planchette n° 2, nous plaçons une seconde plaque avec les mêmes précautions, nous refermons enfin le châssis que nous mettons de côté, dans son sac, où les cinq autres châssis vont aller le rejoindre. (Si nous avions employé un châssis simple, nous aurions placé la plaque en sens contraire, la partie non sensible de notre côté.) Avant d'ouvrir notre laboratoire, vérifions si nos plaques sont bien enfermées. Nous pouvons partir, sac au dos. Si notre absence doit se prolonger, nous aurons soin d'emporter quelques douzaines de plaques, une ou deux boîtes à rainures ; notre chambre d'hôtel nous suffira. Nous ne dégarnirons et garnirons nos châssis que le soir, et, à notre retour, dans un mois, nous développerons nos clichés ici à notre aise.

Ces plaques sèches sont d'une très grande rapidité. Voici un paysage bien éclairé, montons notre appareil; nous mettons d'abord au point; nous agissons ici comme avec nos jumelles au théâtre, nous poussons ou tirons en avant la partie de la chambre où s'adapte la glace dépolie jusqu'à ce que l'image nous apparaisse bien nette. Voilà qui est fait, nous remplaçons la glace dépolie par le châssis double n° 1, nous bouchons l'objectif avec un obturateur : nous tirons la planchette du châssis qui recouvre la glace placée du côté intérieur de la chambre. Maintenant, sans effort, de façon à ne rien faire bouger, nous ouvrons l'appareil (deux secondes environ suffisent; *sous bois* trois à quatre secondes; le temps de pose est variable suivant l'intensité de la lumière). Rebouchons l'appareil, refermons le châssis, et, pour ne pas nous tromper, poussons une gachette en cuivre qui se trouve dans un coin du châssis, et qui laisse voir le mot : *posé*.

L'occasion se présente-t-elle de faire un portrait, prenons l'objectif à portrait (qui varie suivant le format à obtenir); nous opérerons de la même manière ; le temps de pose en plein air

sera de une à quatre secondes suivant la lumière
et le diaphragme employé.

Le diaphragme est un disque métallique,
percé d'une ouverture variable, suivant qu'il est
nécessaire de concentrer les rayons lumineux
et d'en annuler quelques-uns, pour donner plus
de netteté à l'image ; l'image devient moins lumi-
neuse et oblige à un temps de pose plus
prolongé.

Notre excursion est terminée, notre bagage
replié, rentrons.

Nous voici de nouveau dans le laboratoire ;
nous nous sommes procuré les produits suivants :

> Eau distillée,
> Oxalate neutre de potasse,
> Sulfate de fer pur,
> Bromure de potassium,
> Alun ordinaire,
> Hyposulfite de soude,

et pour le renforçage, qu'il ne faut pratiquer
qu'à toute extrémité :

> Bichlorure de mercure,
> Ammoniaque liquide.

Nous préparons d'abord un bain d'oxalate neutre de potasse à 3o pour 100. Nous pouvons en faire 1^{lit}; prenons une bouteille dans laquelle nous versons 1000^{gr} d'eau distillée; pesons maintenant 3oo^{gr} d'oxalate. Nous versons l'oxalate dans le litre d'eau distillée et nous agitons, afin d'obtenir la complète dissolution. Nous filtrerons cette préparation et nous placerons sur le récipient une étiquette portant la lettre O, afin d'éviter toute confusion.

Préparons maintenant un bain de sulfate de fer, également à 3o pour 100, mais en moins grande quantité, $\frac{1}{2}$ litre par exemple. Versons dans une bouteille 5oo^{gr} d'eau distillée ; pesons ensuite 15o^{gr} de fer que nous versons dans les 5oo^{gr} d'eau et agitons afin d'obtenir la complète dissolution; nous filtrons et nous plaçons sur le récipient une étiquette portant la lettre F. (Ces deux liquides O et F se conservent trois ou quatre jours séparément ; le liquide O se conserve davantage, *mais le mélange* O *et* F une heure ou deux seulement.)

Le développateur consiste donc dans un mélange d'oxalate et de fer dans les proportions de

4 parties d'oxalate contre 1 de fer. Ainsi, pour nos plaques, qui sont des $\frac{13}{18}$, nous emploierons 250^{gr} de liquide composé de :

$$\text{Liquide O} \dots\dots\dots\dots\dots \quad 200^{gr}$$
$$\text{Liquide F} \dots\dots\dots\dots\dots \quad 50^{gr}$$

Préparons, dans un flacon de 200^{gr}, une dissolution de bromure de potassium à 2 pour 100 environ que nous mettons de côté en réserve et à portée. Nous emploierons, pour mesurer, un verre gradué, et nous aurons toujours soin de verser le fer dans l'oxalate et jamais l'oxalate dans le fer ; l'excès de fer forme un précipité jaunâtre qui adhère à la surface des plaques et leur donne une teinte jaune très préjudiciable. Si l'on verse le fer tout d'abord et qu'on verse ensuite l'oxalate, il se forme, dès le contact avec le fer, un précipité que nous devons éviter ([1]).

([1]) DÉVELOPPEMENT A L'ACIDE PYROGALLIQUE (peu employé).

Solution n° 1.

Acide pyrogallique	30^{gr}
Eau distillée	1000
Acide citrique...........	4
Bromure d'ammonium	30

Faire dissoudre l'acide nitrique dans l'eau, ajouter le bro-

Notre laboratoire est fermé ; nous commençons notre développement.

Prenons une cuvette contenant une dissolution d'hyposulfite de soude à 15 pour 100, et mettons à portée de notre main le flacon de bromure de potassium ; ayons soin de plus d'avoir de l'eau à discrétion.

Nous plaçons rapidement dans la cuvette contenant le mélange O et F une de nos plaques, le côté sensible en dessus ; l'immersion doit être complète et dans tous les cas nous agitons la cuvette, afin qu'aucun dépôt ne reste stationnaire sur sa surface. L'image apparaît au bout de vingt-cinq à trente secondes. Si l'image apparaît plus tôt, ajoutons à notre bain quelques gouttes de bromure de potassium, qui aura pour but de retarder la venue des parties noires de l'image ; il y a eu excès de pose. Nous prolongeons l'immersion et

---

mure et enfin l'acide pyrogallique (cette solution se conserve indéfiniment).

Solution n° 2.

Eau distillée.............. 500^{gr}
Bromure d'ammonium..... 100^{gr}

(Mêmes proportions).

l'image devient plus intense; au bout de cinq à six minutes, nous jugeons l'image venue à point ; s'il n'en est pas ainsi, nous prolongerons encore ; l'image est suffisamment venue, nous retirons la plaque, et nous lavons légèrement cette fois. Mettons maintenant notre plaque dans le bain d'alun : cinq minutes suffisent ; la couche de gélatine se coagule dans le bain, et nous ne courrons pas le risque de voir ultérieurement la couche se détacher.

Plaçons enfin la plaque dans le bain d'hyposulfite qui dépouillera ce que nous pourrons maintenant appeler le *cliché* de l'excès de bromure d'argent qui existe dans toutes les parties non attaquées par la lumière. Il n'en reste plus trace après une immersion de quelques minutes. C'est maintenant seulement que nous pouvons ouvrir le laboratoire et procéder à un lavage minutieux et prolongé.

Le meilleur mode de lavage consistera à baigner la plaque dans une cuvette d'eau, dans laquelle on laisse couler un robinet pendant environ une demi-heure. Cette cuvette pourra être grande et contenir plusieurs clichés. Nous nous servirons au besoin d'une cuvette construite spécialement, dont les parois sont garnies de rainures, ce qui permettra d'y ranger, perpendiculairement, une suite de clichés. Cette cuvette à rainures serait en somme, comme le

Fig. 2.

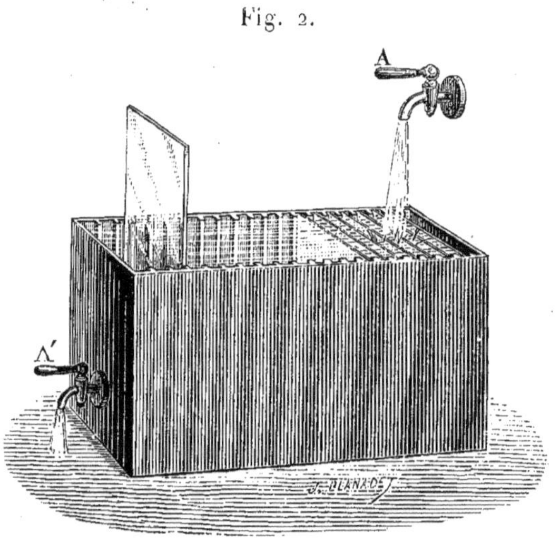

montre la *fig*. 2, une boîte à clichés si elle ne devait contenir de l'eau et permettre, au moyen du robinet A′, un écoulement constant et égal à la quantité d'eau introduite par le robinet A.

La disposition du robinet A′ à la partie inférieure de la cuvette oblige à un tâtonnement dans la réglementation de l'entrée et de la sortie de l'eau, la cuvette devant rester pleine. Un trop-plein supprimerait tout inconvénient, mais il n'en peut être ainsi ; le lavage serait insuffisant, car, en raison de leur poids, les résidus de fer ou d'hyposulfite séjourneraient au fond de la cuvette.

Le lavage est terminé ; nous pouvons juger notre œuvre, en attendant qu'après un séchage parfait, le cliché étant recouvert d'un vernis qui préserve sa surface, nous puissions tirer des épreuves positives. Plaçons-le sur l'égouttoir.

Si le cliché obtenu est gris, uniforme, il y a eu excès de pose. Si, pour une raison quelconque, nous voulons utiliser ce cliché défectueux, essayons de lui donner *un peu de ce qui lui manque*. Procédons au *renforçage* au moyen de la préparation suivante, dont nous ne ferons usage que lorsque le cliché sera parfaitement sec.

$$\text{Bichlorure de mercure} \ldots \ldots \ldots \quad 10^{gr}$$
$$\text{Eau ordinaire} \ldots \ldots \ldots \ldots \ldots \quad 1000$$

Nous filtrons cette préparation dans une cuvette pour y plonger le cliché à renforcer, mais nous ne procéderons à cette opération qu'après avoir passé le cliché à l'eau ordinaire, afin que sa surface préalablement imbibée reçoive *uniformément* les atteintes du bichlorure.

Après un séjour plus ou moins prolongé, la surface du cliché prend une teinte blanchâtre ; retirons-le, lavons-le et, dans un verre à demi plein d'eau, mettons quelques gouttes d'ammoniaque liquide. Versons ce liquide (ammoniaque diluée) sur la couche du cliché : il reprend la couleur foncée et acquiert plus d'intensité.

Cette opération ne change pas un mauvais cliché en un bon ; mais, quelquefois, elle l'améliore assez pour permettre de l'utiliser.

Dans tous les cas, avant ou après l'avoir renforcé, notre cliché restera sur l'égouttoir jusqu'à ce qu'il soit sec, et nous procéderons alors au vernissage.

Nous chauffons légèrement le cliché (la couche en dessus) sur la flamme d'un bec de gaz ou d'une lampe à esprit-de-vin (*fig.* 3), jusqu'à ce qu'il soit simplement attiédi ; la manipulation sera la même que celle qui est indiquée pour le collodionnement (procédé humide) : nous verse-

Fig. 3.

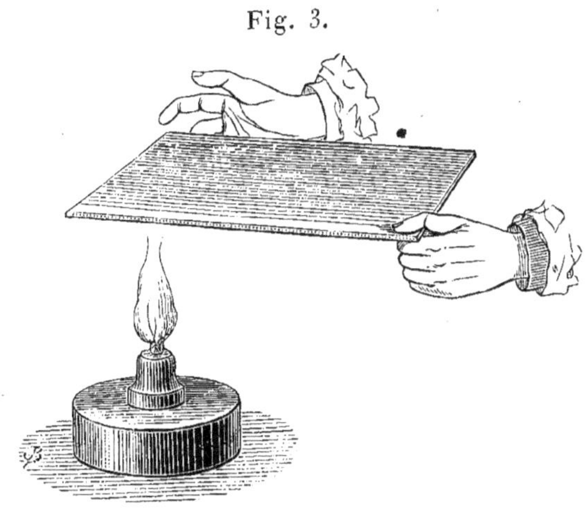

rons sur sa surface, tout juste assez pour la couvrir et en faisant évoluer le liquide, le vernis suivant :

Alcool à 60°...................... 250$^\text{gr}$

Gomme laque................... 10

Benjoin....................... 10

Filtrez.

La suite des opérations est la même pour tous les procédés.

3.

Nous pouvons donc, avant d'aller plus loin, faire connaissance avec le procédé humide, le procédé au collodion.

Nous reprendrons ensuite le tirage des épreuves positives sur papier.

PROCÉDÉ AU COLLODION.

Nous procéderons tout d'abord à la préparation des produits qui nous sont nécessaires et qui, pour l'obtention du cliché, sont les suivants :

1° Collodion.
2° Bain d'argent.
3° Bain de fer.
4° Bain d'argent (renforçage).
5° Bain de cyanure de potassium,
    ou d'hyposulfite de soude.

(L'emploi du bain de cyanure doit être écarté en raison des accidents qui peuvent en résulter. Nous n'en parlons ici que pour mémoire.)

Le collodion dont la formule suit est, à notre avis, le plus constant à diverses températures ; nous conseillons d'en préparer une assez grande quantité, car ses qualités s'accentuent en vieillissant.

Alcool...., en été 600,^{gr} en hiver 500^{gr}

Éther...... » 400, » 500

Coton-poudre (fulmicoton) 5

Iodure de cadmium 25

Iodure d'ammonium............... 25

Bromure de cadmium............. 10

Bromure d'ammonium........... 15

Iode en paillettes 1

Manipulation. — Dans un flacon de capacité suffisante, nous versons un tiers de la quantité d'alcool, et nous y ajoutons la moitié de la quantité d'éther (le fulmicoton ne se dissout pas dans l'alcool seul, mais la dissolution a lieu très rapidement, au contraire, dans le mélange d'alcool et d'éther).

Nous pesons minutieusement la quantité de fulmicoton, et nous l'introduisons dans le mélange d'alcool et d'éther. Le flacon doit être tenu bouché de façon à pouvoir être agité sans inconvénient.

Une fois que le coton est dissous, nous ajoutons le reste de la quantité d'éther tenue jusque-là en réserve. Nous possédons alors le collodion normal, que nous rendrons sensible en continuant ainsi l'opération :

1° Dans un mortier en verre ou en porcelaine, nous broyons, à l'aide d'un pilon, l'iodure de cadmium. Nous avons soin de garnir le mortier d'une petite quantité d'alcool que nous avons en réserve et que nous versons au fur et à mesure de la dissolution du produit dans le flacon au collodion.

2° Sans trop nous préoccuper s'il reste dans le mortier une petite partie du produit précédent, nous agissons de même, pour la dissolution de l'iodure d'ammonium. Cette opération usera une bonne partie de notre alcool de réserve, car il faudra y revenir plusieurs fois, la dissolution de l'iodure d'ammonium étant très lente.

3° Nous achevons la dissolution des iodures, que nous transvasons chaque fois, en l'agitant un peu dans le flacon de collodion. Nous rinçons le mortier avec un peu d'alcool, et nous procédons toujours de la même façon au broyage et à la dissolution des bromures. S'il nous reste de l'alcool en réserve, nous nous en servons pour dissoudre $0^{gr},01$ d'iode pur que nous ajoutons au collodion. Dans le cas contraire, nous introduisons cette petite partie d'iode directement dans le flacon. Nous agitons le tout un moment, et, après avoir bouché définitivement notre flacon de collodion, nous laissons reposer quarante-huit heures au moins; après quoi nous décantons le tout dans de petits flacons de 200^{gr}.

On peut se procurer, chez les marchands de produits chimiques pour la Photographie, les produits préparés; mais il est utile de savoir les préparer soi-même, et nous croyons devoir donner les renseignements qui suivent :

Bain d'argent de $7\frac{1}{2}$ *pour* 100 *à* 8 *pour* 100. — Dans un flacon contenant 1^{lit} d'eau distillée, vous introduisez 70 à 80^{gr} de nitrate d'argent cristallisé que vous faites dissoudre en agitant vigoureusement; filtrez, le bain d'argent est constitué.

Bain de fer à 50 *pour* 100. — Dans un flacon contenant 1^{lit} d'eau ordinaire (l'eau de pluie serait préférable), introduisez 50^{gr} de sulfate de fer; agitez vigoureusement.

La dissolution obtenue, ajoutez au liquide 30^{gr} d'acide acétique, 20^{gr} d'alcool; filtrez, le bain de fer est fait.

Renforçage à l'argent à 2 pour 100. — Dans
un flacon contenant 1^{lit} d'eau ordinaire à défaut
d'eau de pluie, introduisez 20^{gr} de nitrate d'argent et, pour le mettre en rapport avec le bain
de fer, ajoutez au liquide 30^{gr} d'acide acétique;
filtrez.

Chaque flacon doit posséder son entonnoir et
son filtre; dans aucun cas ne filtrez dans un
même filtre des produits différents.

Bain d'hyposulfite de soude à 15 *pour* 100.
— Dans une cuvette préparez un bain d'hyposulfite de soude à 15 pour 100, en quantité
suffisante pour l'immersion d'un cliché.

Maintenant nous pouvons opérer :

Après avoir filtré notre bain d'argent dans
un second flacon muni de son entonnoir et de
son filtre, nous en versons une petite partie dans notre cuvette à bain d'argent; nous la
rinçons avec cette partie de liquide que nous filtrons à nouveau. Nous garnissons enfin la cuvette de la quantité de liquide nécessaire pour
l'immersion complète de la plaque que nous
allons collodionner.

Nous avons eu soin de nettoyer nos plaques

(glace ou demi-glace) en les lavant à l'eau courante, et les séchant par frottement à l'aide de
tampons de papier de soie (les plaques que
nous laisserions sécher par évaporation seraient
plus malpropres qu'avant le lavage).

Nous choisissons alors la surface la plus unie.
Nous couchons notre plaque sur un lit de papier
de soie, et nous polissons la surface choisie à
l'aide d'un tampon de papier de soie imbibé
d'alcool contenant une dissolution d'iode pur à
2 pour 100; nous séchons à l'aide d'un second
tampon sec.

Cette opération suffit pour les plaques neuves.

Pour des clichés ayant servi, nous enlèverons
l'ancienne couche, très adhérente à cause du
vernis, en les mettant dans un mélange d'eau et
d'acide nitrique dont les proportions sont les
suivantes :

Eau............................... 1000^{gr}
Acide........................... 250

Laissons séjourner jusqu'à ce que la couche
se détache d'elle-même, lavons à l'eau courante, passons au tripoli, laissons sécher,

essuyons avec un linge sec et procédons, comme pour les plaques neuves, aux frictions à l'alcool iodé.

Collodionnement. — Les plaques prêtes, prenons-en une.

Nous tenons notre plaque, par l'angle infé-

Fig. 4.

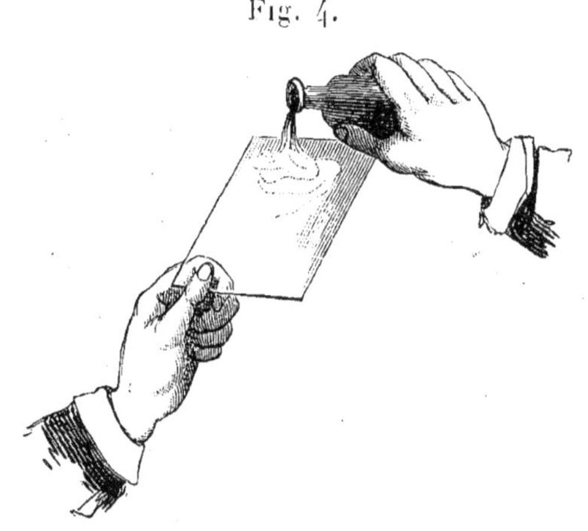

rieur gauche, entre le pouce et l'index de la main gauche. Nous passons le blaireau sur la surface, afin d'en enlever les moindres grains de poussière. Nous quittons le blaireau (qui doit toujours être suspendu) et nous prenons de la main droite un petit flacon de collodion (*fig.* 4).

Nous tenons alors notre plaque horizontale-

ment (*fig.* 4), nous versons sur le coin droit
supérieur de sa surface une quantité de collodion qui ne devra pas dépasser le quart A de la
surface totale.

Fig. 5.

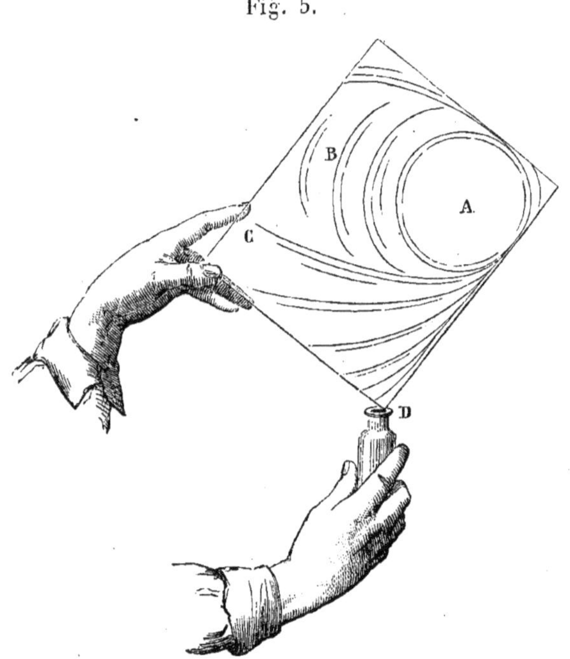

Nous faisons évoluer le liquide vers l'angle
gauche supérieur B, puis vers le gauche inférieur C. enfin vers l'angle droit inférieur D.
Nous relevons alors la plaque verticalement

de façon à recevoir dans le flacon de collodion
l'excédent du liquide (*fig.* 5). Il faut avoir soin
de ne point faire reposer le coin de la glace sur
le goulot du flacon, ce qui produirait autour
de celui-ci des bavures. (Ces bavures, une fois
sèches, seraient entraînées par le collodion sur
les plaques et seraient causes d'imperfections.)
Dès ce moment fermons le laboratoire; la suite
de l'opération se fait à l'abri de la lumière
blanche.

Replaçons le flacon de collodion et, après
avoir balancé de droite à gauche notre glace,
afin d'éviter les stries, nous passons celle-ci
dans la main droite en la prenant toujours par
un angle. Approchons de la cuvette au bain
d'argent (*fig.* 6). Nous soulevons celle-ci de la
main gauche par un de ses côtés, de manière à
renvoyer le liquide vers le côté opposé; une
partie du fond de la cuvette (qui devra toujours
être plus grande que la plaque employée) de-
viendra libre; plaçons-y la glace collodionnée,
le côté du collodion en dessus, et par un
mouvement rapide abaissons la cuvette de telle
sorte que le liquide ramené à sa place couvre

d'un seul trajet et sans à-coup notre plaque.
Nous agitons doucement la cuvette, nous voyons
la surface de la glace blanchir progressive-
ment. A l'aide du crochet *en argent* ou *en*

Fig. 6.

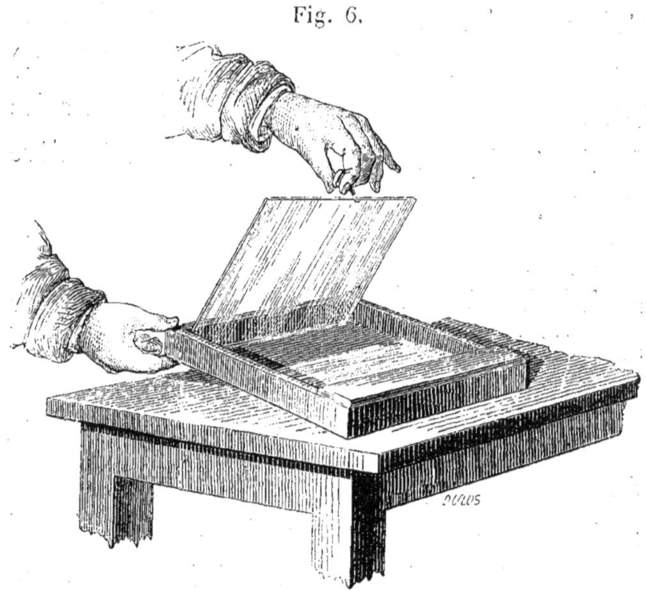

corne nous soulevons la plaque qui ne sera définitivement sensibilisée que lorsque nous ver-
rons le liquide se retirer de sa surface sans
laisser de traces graisseuses dues à l'élimination
incomplète de l'alcool (l'opération du bain

d'argent a pour but de transformer les iodures
et les bromures du collodion en iodure et bromure d'argent qui sont les agents sensibles).
Notre plaque est prête. Nous la plaçons dans le
châssis, le côté sensible en avant, le dos de notre
côté ; nous refermons le châssis.

Le temps de pose varie entre dix et vingt-
cinq secondes pour un portrait à l'intérieur de
l'atelier ; pour une vue à l'extérieur, suivant
l'objectif et le diaphragme, le temps de pose
doit varier entre cinq et vingt secondes.

Nous procédons, comme il a été indiqué pour
les plaques sèches, à la mise au point et nous
faisons poser la glace.

Le développement a lieu à la main : dans un
verre, nous versons une partie de sulfate de
fer ; nous tenons la plaque de la main gauche et
le verre de la main droite, comme nous avons
fait pour collodionner, mais cette fois nous
tenons la glace horizontalement au-dessus d'une
cuvette qui recevra les liquides tombant de la
plaque ; nous versons sur la glace le contenu du
verre, en ayant soin de commencer le jet tout
près du pouce de la main gauche, pour le ter-

miner sans arrêt à l'angle opposé. Il faut que le liquide couvre sans arrêt, d'un seul jet, sans à-coup, la surface de la plaque ; il est utile aussi de conserver, autant que possible, le liquide sur la plaque et de le faire évoluer d'avant en arrière et de gauche à droite jusqu'à ce que l'image soit complètement venue. Nous pouvons juger alors de la valeur du cliché. S'il est dur par manque de pose, le renforçage est inutile ; l'opération est à refaire, ou, si le cliché doit être conservé, il faut le laver, passer à l'hyposulfite et le terminer ainsi. S'il y a manque d'intensité par excès de pose, nous pouvons le renforcer un peu en versant, successivement, d'abord le renforçage à l'argent. Après avoir conservé le liquide un moment sur la surface du cliché, nous le rejetons et nous versons à sa place une nouvelle partie de fer. On peut répéter deux ou trois fois cette opération.

Supposons maintenant que le cliché soit parfait après le premier usage du fer ; nous le lavons à l'eau courante, sous un robinet ; nous le passons au bain d'hyposulfite qui le débarrasse de l'excès d'iodure d'argent, et, après un dernier lavage, nous obtenons un négatif parfait (*fig.* 7).

Fig. 7.

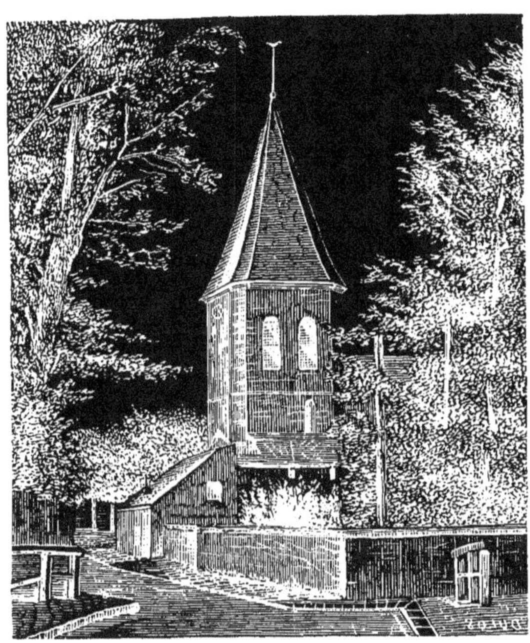

Si notre intention est de retoucher, c'est-à-dire de combler quelques lacunes, nous étendons sur la surface, toujours comme pour l'opération du collodionnement, une dissolution de gomme arabique à 15 pour 100. Nous plaçons notre cliché sur l'égouttoir et nous laissons sécher (*fig.* 8).

Nous voici donc en possession d'un cliché négatif, qu'il soit obtenu par n'importe quel

Fig. 8.

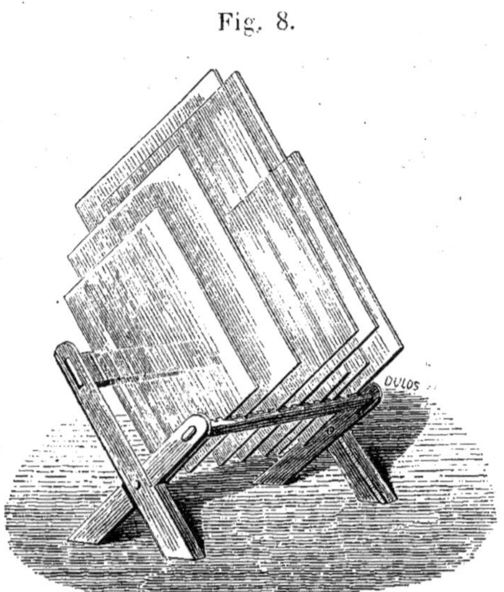

procédé; nous allons le vernir, afin de préserver la couche de tout accident pouvant provenir du frottement.

Nous chauffons légèrement sur une flamme le cliché, en ayant soin de présenter au feu le côté opposé à la couche ; comme pour l'opération du collodionnement, nous étendons sur le cliché le vernis suivant :

Alcool . . . . 500^{gr}

Gomme laque 25

Benjoin 25

et nous laissons sécher environ une demi-heure.

TIRAGE, VIRAGE ET FIXAGE. MATÉRIEL ET PRODUITS.

Nous nous procurons du papier albuminé salé, ou simplement salé (ce dernier s'emploie particulièrement pour les portraits d'un format supérieur à la carte-album), que nous trouvons chez les marchands spéciaux. Ce papier ne sera sensible qu'après son passage sur un bain d'argent préparé à cet effet (ne jamais se servir de ce bain pour la sensibilisation des plaques). Nous obtiendrons ce bain en versant dans un flacon, contenant 1^{lit} d'eau distillée ou d'eau pluviale, 100^{gr} de nitrate fondu blanc; après dissolution, filtrons et versons le liquide dans une cuvette.

Ce bain est à 10 pour 100 : chaque fois qu'il descendra au-dessous, nous le remonterons par une adjonction d'argent; nous constaterons cette baisse au moyen d'un pèse-sel.

Pour sensibiliser le papier, nous procédons

ainsi : nous prenons la feuille, qui doit être un peu moins grande que la cuvette qui doit la recevoir, le coin inférieur gauche de la main gauche, le coin supérieur droit de la main droite, le côté brillant du papier vers le liquide.

Nous plaçons doucement cette feuille sur le bain d'argent, en ayant soin que le liquide ne la recouvre pas : la feuille doit simplement flotter. Nous soulevons successivement chaque coin jusqu'au quart de la feuille, afin de nous rendre compte si des globules ne se forment pas au-dessous, auquel cas nous les détruisons.

Nous laissons séjourner le papier sur le bain pendant quatre minutes, que nous pouvons compter au moyen du sablier.

Nous retirons alors cette feuille de papier, désormais sensible, et nous la suspendons au-dessus d'une cuvette qui recevra les égouttures. Nous l'emploierons quand elle sera complètement sèche.

Cette opération se fait à la lumière jaune du laboratoire. On ne peut pas préparer trop longtemps d'avance le papier : à peine se conserve-t-il deux jours.

Le papier étant sec, nous plaçons notre cliché dans le châssis-presse (*fig.* 9), la couche de notre côté. Nous y appliquons le papier, dont nous avons fait autant de morceaux que son format peut fournir d'épreuves à tirer, le côté sensible sur la couche du cliché. Nous couvrons le tout

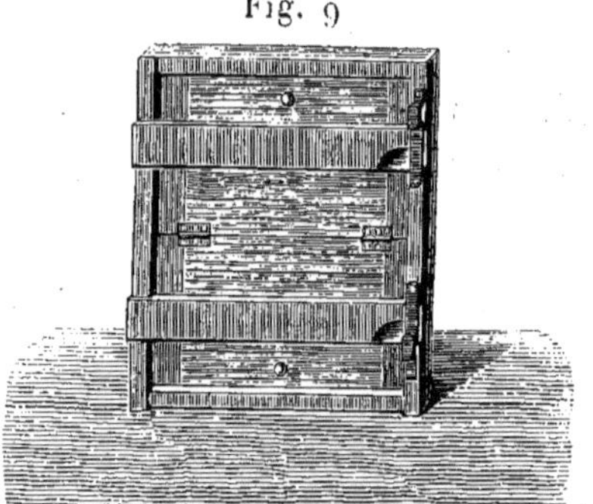

Fig. 9

d'un lit de papier buvard, nous mettons la planchette que nous fixons avec les deux traverses munies de ressorts qui forcent l'adhérence, et nous exposons le châssis à la lumière (rarement au soleil).

Pour juger si l'image est suffisamment venue, nous détachons une seule traverse afin de ne pas faire bouger l'image, nous soulevons la plan-

chette, le lit de buvard, enfin l'image, qui
ne sera venue à point que lorsqu'elle aura dé-
passé la force que l'on veut obtenir : l'intensité
diminuera au virage.

Fig. 10.

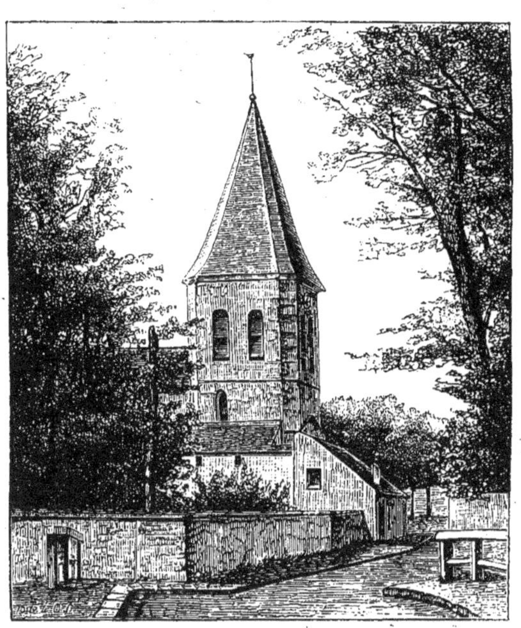

L'image positive (*fig*. 10) ainsi obtenue est
d'une couleur peu agréable et, dans tous les cas,
très éphémère : il s'agit de la fixer.

L'opération qui consiste à lui donner un ton

5

définitif, entre le bleu violet et le rouge sépia,
se nomme le *virage*.

Dès le tirage, l'épreuve obtenue sera plon-
gée dans un bain d'eau ordinaire, qui la débar-
rassera d'un excès de chlorure d'argent recon-
naissable à un dépôt blanchâtre qui se formera
aussitôt. Cette opération a surtout pour but de
ménager le bain de virage en facilitant son
action.

Le bain de virage se compose de :

Chlorure d'or...................... 1^{gr}
Acétate de soude............... 5
Eau distillée.................... 1000

Versons le litre de virage après l'avoir filtré
dans une cuvette *ad hoc*. Nous y placerons l'é-
preuve à virer et, quand nous jugerons le ton
convenable obtenu (cette opération demande
environ dix minutes), nous passerons sans tran-
sition notre épreuve dans une cuvette spéciale,
contenant :

Hyposulfite... .... 150^{gr}
Eau ordinaire........... 1000

L'épreuve, après un séjour de quinze minutes dans l'hyposulfite, sera fixée ; nous n'aurons plus qu'à la laisser se débarrasser des produits dont elle est imbibée, en la laissant séjourner, environ cinq heures, dans un bain d'eau (courante autant que possible).

Si nous avons plusieurs épreuves à virer, évitons avec soin de toucher ces épreuves avec la main qui aura trempé dans l'hyposulfite ; pendant l'opération du virage, la main gauche virera et la main droite fixera, les deux cuvettes étant près l'une de l'autre. Après l'application de l'épreuve sur un support quelconque, papier, carton, bois, etc., l'opération photographique usuelle, telle que vous devez vous borner à l'exécuter, se trouve terminée. En suivant, mon petit livre en main, toutes les indications, vous arriverez à un résultat satisfaisant. Les insuccès ne proviendront que d'un manque d'habitude ou de précaution ; mais, après quelques tentatives, vous éviterez de vous-même, cher lecteur, tout accident.

Bien que l'usage du procédé humide ne soit pas celui qui convient au photographe amateur, nous croyons utile de donner la nomenclature du matériel et des produits absolument néces-saires à l'emploi des deux procédés.

NOMENCLATURE DU MATÉRIEL.

Procédé sec.

2 boîtes à rainures du format des glaces employées.

1 blaireau plat.

2 cuvettes en *porcelaine*.

1 cuvette en *carton bitumé*. Alun.

1 » »   Hyposulfite.

4 flacons : 2 oxalate, 2 fer.

1 caisse à rainure pour lavage.

3 entonnoirs.

1 paquet de filtres.

2 égouttoirs chevalets.

1 flacon de bichlorure de mercure.

1 flacon d'ammoniaque.

1 cuvette pour bichlorure (porcelaine).

2 flacons pour vernis.

Procédé humide.

2 flacons de collodion, 1 litre.

2 » » de 150 à 200^{gr}.

1 entonnoir.

1 paquet de petits filtres.

2 flacons pour le bain d'argent à gros goulot.

1 cuvette bain d'argent (par format de plaque .

1 grande cuvette pour développer.

2 flacons pour le sulfate de fer.

1 flacon pour le renforçage à l'argent.

4 entonnoirs en verre, 2 bains d'argent, 2 fer.

1 paquet de filtres.

1 blaireau.

1 mortier et pilon.

1 égouttoir.

1 cuvette en porcelaine pour l'hyposulfite.

1 crochet en argent ou en corne.

Quelques plaques, glaces ou demi-verre.

Préparation du papier.

2 cuvettes.

1 main de papier.

2 flacons pour le bain d'argent.

1 couteau à papier.

1 sablier.

2 entonnoirs.

1 paquet de filtres.

5.

Tirage

(pour quelque procédé que ce soit).

Quelques châssis-presses suivant les formats.
Papier buvard pour garnir.
1 flacon de vernis.

Virage et fixage.

1 cuvette pour l'eau.
1 » pour le virage.
1 » pour l'hyposulfite.
2 flacons.
2 entonnoirs.

PRODUITS A EMPLOYER.

Procédé sec.

Glaces sèches.
Oxalate neutre de potasse.
Sulfate de fer.
Hyposulfite de soude.
Alun ordinaire.
Vernis à clichés.

Procédé humide.

Collodion.
Sulfate de fer.

Nitrate d'argent.
Acide acétique.
Hyposulfite de soude.
Alcool.
Éther.
Gomme arabique.
Vernis.

Tirage et virage.

Nitrate d'argent.
Chlorure d'or.
Acétate de soude.
Hyposulfite de soude.

TIRAGE DES ÉPREUVES AU CHARBON.

L'invention du tirage des épreuves au charbon est due à Poitevin.

De cette invention découlent tous les procédés de tirage employés aujourd'hui, tirage aux encres grasses, photoglyptie, etc., etc.

Le cliché négatif restant le même, le tirage au charbon s'opère ainsi :

Le papier est enduit d'une couche de gélatine colorée en noir, en sépia, en rouge, etc., au moyen de poudre impalpable : ce papier porte le nom de *papier transport.*

Pour sensibiliser ce papier, préparez dans une cuvette un bain de bichromate de potasse à 5 pour 100. Procédez à l'immersion complète du papier, la couche en dessous, en ayant soin d'éviter les bulles d'air, que l'on chasse en soulevant la feuille par les coins. Cinq minutes d'immersion suffisent ; retirez la feuille et appliquez-la sur une glace, toujours la surface en dessous, c'est-à-dire adhérant à la glace.

Couvrez le tout d'une toile caoutchoutée, et, au moyen d'une raclette, chassez l'excédent de liquide en raclant sur la toile. Cela fait, suspendez le papier dans une pièce obscure ou munie de carreaux jaunes et laissez sécher.

Le tirage s'opère ainsi :

Dans une pièce obscure, appliquez sur le cliché négatif le papier bichromaté, le côté sensible contre la couche du cliché. Ayez soin de ménager autour du cliché une marge au moyen d'une cache en papier noir ou jaune, afin que le papier au charbon ne soit point exposé à la lumière sur cette partie réservée.

Exposez dans un châssis le cliché au jour. Au moyen d'un photomètre, vous pourrez apprécier la durée d'exposition nécessaire selon la valeur du cliché. En thèse générale, le papier charbon est quatre fois plus sensible que le papier albu-miné photographique.

Quand vous jugerez le temps d'exposition suffisant, retirez le papier, toujours dans une pièce obscure, et plongez-le immédiatement dans un bain d'eau froide ordinaire. Lorsqu'il est bien imprégné, appliquez-le sur une feuille un peu plus grande de papier spécial, appelé *papier support;* appliquez le tout contre une glace, couvrez d'une toile caoutchoutée et raclez pour produire une adhérence parfaite.

Jusqu'à présent, vous n'avez aucune apparence d'image : un lavage à l'eau tiède devient nécessaire.

PROPRIÉTÉ DU BICHROMATE.

Le bichromate a la propriété de rendre la gélatine insoluble dans les parties atteintes par la lumière. Les deux papiers se trouvent, au bout de cinq à six minutes, parfaitement adhérents, et la marge réservée qui n'a pas vu le jour concourt puissamment à l'adhésion. Placez ces deux feuilles, qui font corps, dans un bain d'eau chauffée à 40° environ ; la feuille bichromatée se détachera d'elle-même et laissera sur le papier support une impression d'abord confuse, mais la suite du lavage enlèvera complètement l'excès de matière colorante, et vous aurez une épreuve au charbon bien venue. Si l'adhérence n'était pas complète, passez l'épreuve dans un bain d'alun de chrome à 15 pour 100.

Cette image se trouvera complètement retournée par le fait de cette transposition ; vous pourrez faire usage, dans le cas où vous voudriez obtenir une image sans interversion, du papier double transport, qui sert d'intermédiaire entre le *papier transport* et le papier support définitif.

Dans ce cas, vous opérez comme il est dit précédemment ; mais, au lieu d'appliquer le papier charbon sur le papier définitif, avant l'opération du lavage à l'eau chaude, vous l'appliquez sur le papier double transport ; lorsque l'image est obtenue sur le papier, vous recommencez la même opération en appliquant le papier double transport sur le papier définitif.

ENCRES GRASSES.

Cette propriété du bichromate de rendre la gélatine insoluble permet de faire le tirage aux encres grasses, directement sur la couche de gélatine.

Sur une glace épaisse, on étend une couche de gélatine bichromatée (*fig.* 11); cette couche peut être incolore.

La glace est mise directement en contact avec

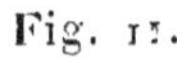

Fig. 11.

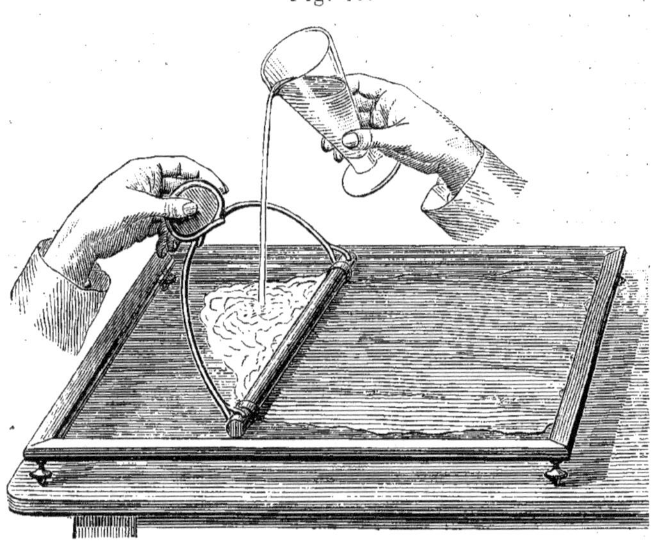

un cliché négatif. Exposées à la lumière, les parties attaquées deviennent insolubles.

Quand le temps d'insolation est jugé suffisant, on lave à l'eau chaude : les parties solubles sont enlevées ; on obtient une image en relief que l'on solidifie au moyen d'un lavage à l'alun de chrome.

Lorsque le cliché est bien sec, on tire au rouleau lithographique des épreuves positives.

PHOTOGLYPTIE.

La photoglyptie est basée sur les mêmes propriétés du bichromate combiné à la gélatine.

On tire sur un cliché négatif une épreuve sous forme de pellicule de gélatine. Cette pellicule est soumise aux mêmes lavages que précédemment; lorsqu'elle est sèche, cette pellicule devient assez dure pour que sa compression sur un plomb tendre y laisse son empreinte. On obtient ainsi une matrice, dans laquelle on verse une encre gélatineuse chaude. On y applique une feuille de papier blanc que l'on y maintient au moyen d'une presse. Lorsque l'encre est refroidie, on retire l'épreuve et l'on a obtenu un positif sur papier, dont les teintes sont produites par le plus ou moins d'épaisseur de la gélatine colorée.

POSITIFS SUR VERRE.

Pour l'obtention des clichés positifs sur verre, l'opération est, quant à la manipulation, identiquement la même (procédé au collodion) que pour l'obtention d'un négatif.

Il y a différence quant au temps de pose, qui doit être très court.

Le développement a lieu au fer (se garder de renforcer), et le fixage au cyanure de potassium.

On obtient ainsi un cliché d'une faible intensité, les noirs sont très transparents. Ce cliché, après avoir été verni, sera appliqué sur une surface noire, velours ou satin.

FERROTYPIE.

Ce procédé nous amène aux épreuves positives sur métal (ferrotypie).

La plaque de verre est alors simplement remplacée par une plaque métallique dont une surface est noircie (se trouve chez les marchands de produits chimiques).

L'opération photographique a lieu sur la surface noire ; les manipulations sont les mêmes que pour l'obtention d'un positif sur verre.

Il n'en est pas de même pour les positifs par transparence, qui s'obtiennent de deux façons :

Positifs au charbon ;

Positifs par contact.

POSITIFS PAR TRANSPARENCE AU CHARBON.

Pour l'obtention d'un positif au charbon, l'opération reste la même que pour l'obtention d'une épreuve sur papier. Toutefois le temps d'exposition du cliché à la lumière doit être prolongé de deux à trois minutes.

Le papier transport est appliqué sur un verre (une glace si possible) et non sur le papier support. Cette glace est posée contre un verre dépoli. On obtient ainsi par transparence une image d'un aspect très agréable.

POSITIFS PAR CONTACT.

Ce procédé, grâce aux plaques sèches, est devenu absolument pratique.

Au lieu du papier dont on se sert pour le

tirage des épreuves, vous appliquez sur un cliché négatif une plaque de gélatinobromure. Cette opération se fait dans une pièce obscure ou éclairée à la lumière rouge, en employant le châssis à tirage. Vous exposez à la lumière; le temps d'exposition doit être très court. L'exposition à la lumière d'un bec de gaz est suffisante.

Vous continuez l'opération du développement à l'oxalate, comme il a été indiqué pour les plaques au gélatinobromure.

Matériel pour les tirages au charbon.

1 cuvette pour la préparation au bichromate.
2 raclettes en caoutchouc.
2 toiles caoutchoutées.
2 cuvettes à lavages.

Produits nécessaires pour les tirages au charbon.

Papier charbon, papier support.
Papier double transport.
Bichromate de potasse.
Alun de chrome.

FIN.

TABLE DES MATIÈRES.

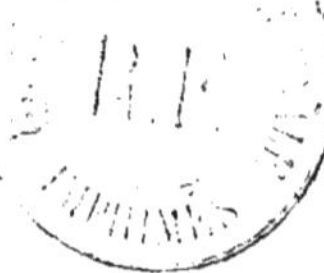

8027   Paris. — Imprimerie de **GAUTHIER-VILLARS**,
quai des Augustins, 55.

Librairie de Gauthier-Villars.

CULLEY (R.-S.). — **Manuel de Télégraphie pratique.**
Traduit de l'anglais (7ᵉ édition), et augmenté de *Notes sur les appareils Breguet, Hughes, Meyer et Baudot, sur les transmissions pneumatiques et téléphoniques*, par M. *Henri Berger*, ancien Élève de l'École Polytechnique, Directeur-Ingénieur des lignes télégraphiques, et M. *Paul Bardonnaut*, ancien Élève de l'École Polytechnique, Directeur des postes et des télégraphes. Un beau volume grand in-8, xɪ-659 pages, avec 251 figures dans le texte et 7 planches; 1882.

Prix : Broché.	18 fr.
Cartonné à l'anglaise.	20 fr.

JAMIN (J.), membre de l'Institut, professeur de Physique a l'École Polytechnique, et **BOUTY,** docteur ès sciences, professeur au Lycée Saint-Louis. — **Cours de Physique de l'École Polytechnique.** 3ᵉ édition, augmentée et entièrement refondue. 4 forts volumes in-8, avec plus de 1200 figures dans le texte et 14 planches sur acier, dont 2 en chromolithographie; 1879-1883. (*Autorisé par décision ministérielle.*)

ON VEND SÉPARÉMENT :

TOME I.

1ᵉʳ fascicule. — *Instruments de mesure. Hydrostatique....* 5 fr.
2ᵉ fascicule. — *Physique moléculaire...........................* 4 fr.
3ᵉ fascicule. — *Gravitation universelle. Électricité statique...* 6 fr.

TOME II. — CHALEUR.

1ᵉʳ fascicule. — *Thermométrie, Dilatations ....* 5 fr.
2ᵉ fascicule. — *Calorimétrie. Théorie mécanique de la chaleur. Conductibilité..................................* 7 fr.

TOME III. — ACOUSTIQUE; OPTIQUE.

1ᵉʳ fascicule. — *Acoustique..................................* 4 fr.
2ᵉ fascicule. — *Optique géométrique ....* 4 fr.
3ᵉ fascicule. — *Étude des radiations lumineuses, chimiques et calorifiques. Optique physique..........................* 12 fr

TOME IV. — ÉLECTRICITÉ DYNAMIQUE; MAGNÉTISME.

1ᵉʳ fascicule. — *La Pile. Phénomènes électrothermiques et électrochimiques...* 6 fr.
2ᵉ fascicule. — *Magnétisme. Actions mécaniques des courants. Induction ....*
3ᵉ fascicule. — *Applications de l'électricité. Compléments sur les principales découvertes faites pendant la publication de l'Ouvrage. Table par noms d'auteurs.......................*

SCOTT (Robert-H.), Directeur du Service météorologique de l'Angleterre. — **Cartes du temps et avertissements de tempêtes.** Ouvrage traduit de l'anglais par MM. *Zurcher et Margollé.* Petit in-8, avec nombreuses figures dans le texte et 2 planches en couleur; 1879.. 4 fr. 50 c.

8837   Paris — Imp. de Gauthier-Villars, quai des Augustins, 55.

BRENET (Michel). — Histoire de la symphonie à orchestre, depuis ses origines jusqu'à Beethoven inclusivement. Petit in-8, titre noir et rouge, caractères elzévir, 1882. (Ouvrage couronné par la Société des Compositeurs de musique.)   3 fr.

CAUCHY. — Œuvres complètes d'Augustin Cauchy, publiées sous la direction de l'ACADÉMIE DES SCIENCES, et sous les auspices de M. le MINISTRE DE L'INSTRUCTION PUBLIQUE, avec le concours de MM. *Valson* et *Collet*, Docteurs ès sciences. 26 volumes in-4, en 2 Séries.

[re SÉRIE. — Tome I; 1882. Prix de ce tome I acheté séparément.   25 fr.
Prix de ce Tome I, pour les acheteurs qui souscrivent dès à présent au prochain Tome, devant paraître en 1883................. 20 fr.
(Le prospectus donnant la Table des Volumes est envoyé sur demande.)

CAHOURS (Auguste), Membre de l'Académie des Sciences. — **Traité de Chimie générale élémentaire.**

Chimie inorganique, Leçons professées à l'École Centrale des Arts et Manufactures. 4ᵉ éd. 3 vol. in-18 jésus, 1878-1879. (Autorisé par décision ministérielle.) .... 15 fr.
Chimie organique, Leçons professées à l'École Polytechnique. 3ᵉ édit. 3 vol. in-18 jésus, avec figures; 1874............. 15 fr.
Chaque volume se vend séparément .... 6 fr.

CHASLES. — Traité de Géométrie supérieure, 2ᵉ édition. Grand in-8, avec 12 planches; 1880........................ 24 fr.

MANNHEIM (A.), Professeur à l'École Polytechnique. — **Cours de Géométrie descriptive de l'École Polytechnique,** comprenant les ÉLÉMENTS DE LA GÉOMÉTRIE CINÉMATIQUE. Grand in-8, illustré de 249 figures dans le texte; 1880.   17 fr.

TRUTAT (E.), Conservateur du Musée d'Histoire naturelle de Toulouse. — **Traité élémentaire du microscope.** Un joli volume petit in-8, avec 171 figures dans le texte; 1882......... 8 fr.

UNWIN (W.-Cawthorne), Professeur de Mécanique au Collège Royal Indien des Ingénieurs civils. — **Éléments de construction de machines,** ou *Introduction aux principes qui régissent les dispositions et les proportions des organes des machines*, contenant une collection de formules pour les constructeurs de machines. Traduit de l'anglais, avec l'approbation de l'Auteur, par M. *Bocquet*, ancien Élève de l'École Centrale, Chef des travaux à l'École municipale d'apprentis de la Villette (Paris); et augmenté d'un *Appendice sur les transmissions par les câbles métalliques, sur le tracé des engrenages et sur les régulateurs*; par M. *Léauté*, Répétiteur du cours de Mécanique à l'École Polytechnique. In-18 jésus, illustré de 219 figures dans le texte; 1882.

Broché..................... 7 fr.
Cartonné à l'anglaise...... 8 fr.

8837   Paris. — Imp. de GAUTHIER-VILLARS, quai des Augustins, 5.

LIBRAIRIE DE GAUTHIER-VILLARS,
quai des Grands-Augustins, 55.

DIEN et FLAMMARION. — **Atlas céleste**, comprenant toutes les Cartes de l'ancien Atlas de **Ch. Dien**, rectifié, augmenté et enrichi de 5 Cartes nouvelles relatives aux principaux objets d'études astronomiques, par **C. Flammarion**, avec une *Instruction* détaillée pour les diverses Cartes de l'Atlas. In-folio, cartonné avec luxe, de 31 planches gravées sur cuivre, dont 5 doubles, 3e édition ; **1877**.

PRIX :

En feuilles, dans une couverture imprimée...... 40 fr.
Cartonné avec luxe, toile pleine................. 45 fr.

Pour recevoir franco, par poste, dans tous les pays de l'Union postale, l'ATLAS *en feuilles,* soigneusement enroulé et enveloppé, ajouter 2 fr.

Les dimensions ($0^m.50$ sur $0^m.35$) de l'ATLAS *cartonné* ne permettant pas de l'expédier par la poste, cet Atlas cartonné, dont le poids est de $2^{kg},9$, sera envoyé aux frais du destinataire, soit par messageries grande vitesse, soit par tout autre mode indiqué.

On vend séparément un **Fascicule** *contenant :*

Les 5 *Cartes nouvelles,* n°^{s} 25 à 29 de l'*Atlas céleste,* par **C. Flammarion**. Ces Cartes sont renfermées dans une couverture imprimée, avec l'*Instruction* composée pour la nouvelle édition de l'Atlas... 15 fr.

DISLERE. — **La Guerre d'escadre et la Guerre de côtes** (*Les nouveaux navires de combat*). Un beau volume grand in-8, avec figures. 2e édition, augmentée d'un Appendice par M. *Guichard*, Ingénieur des constructions navales; 1883...... 7 fr.

FAYE (**H.**), membre de l'Institut. — **Cours d'Astronomie de l'Ecole Polytechnique.** 2 volumes grand in-8, avec nombreuses figures dans le texte.

ON VEND SÉPARÉMENT :

Ire PARTIE. — *Astronomie sphérique, Géodésie et Géographie mathématique ;* 1881..................................... 12 fr. 50 c.
IIe PARTIE. — *Astronomie solaire, Théorie de la Lune. Navigation ;* 1883.. 14 fr.

PARIS (vice-amiral), membre de l'Institut et du Bureau des Longitudes, conservateur du Musée de Marine. — **Souvenirs de marine.** — **Collection de plans ou dessins de navires et de bateaux anciens et modernes, existants ou disparus,** *avec les éléments nécessaires à leur construction.* Un bel album relié de 60 planches in-folio; 1882................. 25 fr.

TRUTAT, Conservateur du Musée d'Histoire naturelle de Toulouse. — **Traité élémentaire du microscope.** In 8, avec 171 fig. dans le texte; 1882.

Broché....... 8 fr.
Cartonné..... 9 fr.

La traduction, que nous annonçons aujourd'hui, rendra en France un réel service à tous les employés soucieux de leur instruction professionnelle et à toutes les personnes qui s'occupent de télégraphie ; c'est dans cette pensée que M. le Ministre des Postes et des Télégraphes a bien voulu encourager dans leur travail MM. Berger et Bardonnaut, auteurs de cette traduction, et honorer l'édition française d'une souscription.

Dans le but de fournir aux lecteurs tous les renseignements dont ils peuvent avoir besoin, on a introduit dans l'édition française plusieurs additions importantes.

Ainsi, l'appareil Hughes, dont l'auteur anglais, resserré dans les limites de son *Manuel,* ne pouvait donner qu'une description sommaire, a reçu tout le développement que comporte son emploi en France. — Lors de l'apparition de l'Ouvrage de M. Culley, l'appareil Baudot était encore peu connu ; les traducteurs ont été heureux de pouvoir reproduire une description complète de ce merveilleux appareil, qui rend déjà tant de services à l'Administration française. — Enfin, les additions comprennent également les descriptions détaillées des appareils Breguet et Mayer, ainsi que l'exposé de l'organisation et du mode de fonctionnement des réseaux téléphoniques, et de la télégraphie pneumatique et optique.

COURS D'ASTRONOMIE

DE L'ÉCOLE POLYTECHNIQUE.

—

Deux beaux volumes grand in-8,
avec nombreuses figures et Cartes dans le texte,
se vendant séparément :

Ire Partie : *Astronomie sphérique. — Géodésie et Géographie mathématique ;* 1881.............. **12 fr. 50 c.**

IIe Partie : *Astronomie solaire. — Théorie de la Lune. — Navigation ;* 1883.................... **14 fr.**

LIBRAIRIE GAUTHIER-VILLARS ET FILS,

QUAI DES GRANDS-AUGUSTINS, 55, A PARIS.

AUDRA. — **Le gélatinobromure d'argent**. Nouveau tirage. In-18 jés 1887 .... 1 fr. 75

COLSON (R.). — **La Photographie sans objectif**. Applications aux v panoramiques, à la topographie, aux vues stéréoscopiques. In-18 jés avec planche spécimen; 1887... 1 fr. 75

GEYMET. — **Éléments du procédé au gélatinobromure**. In-18 jésu 1882 1

KLARY, Artiste photographe. — **L'Éclairage des portraits photogr** phiques. 6e édition, revue et augmentée par Henry Gauthier-Villar In-18 jésus, avec figures dans le texte; 1887.......... 1 fr. 75

LONDE (A.), Directeur du service photographique à l'hôpital de la Salp trière. — **La Photographie instantanée. Théorie et pratique**. In-18 jésu avec 21 figures dans le texte; 1886 .... 2 fr. 75

PIERRE PETIT (Fils). — **La Photographie industrielle**. Vitraux et émau Positifs microscopiques. Projections. Agrandissements. Linographie. Ph tographie des infiniment petits. Imitations de la nacre, de l'ivoire, de l' caille. Éditions photographiques. Photographie à la lumière électrique, et In-18 jésus; 1883.. 2 fr. 25

PIZZIGHELLI et HÜBL. — **La Platinotypie**. *Exposé théorique et pratiqu d'un procédé photographique aux sels de platine, permettant d'obten rapidement des épreuves inaltérables*. Traduit de l'allemand par M. Henr Gauthier-Villars. 2e éd. In-8, avec pl. spécimen; 1887... 3 fr. 50

VIEUILLE (G.). — **Guide pratique du photographe amateur**. In-18 jé 1885... 2

VOGEL. — **La Photographie des objets colorés avec leurs valeu réelles**. Avec 2 planches. Traduit de l'allemand par Henry Gauthier Villars. In-8; 1887.

Broché .... 6 fr.

Cartonné avec luxe............ 7 fr.

14183   Paris. — Imprimerie GAUTHIER-VILLARS ET FILS, quai des Grands-Augustins, 55.

www.ingramcontent.com/pod-product-compliance
Lightning Source LLC
LaVergne TN
LVHW012229170726
843503LV00005B/2357